Rotraut Susanne Berner

Einhorn, Bär und Nachtigall tanzen auf dem Maskenball

Verlag Antje Kunstmann

© Verlag Antje Kunstmann GmbH, München 2021
Umschlaggestaltung und Illustrationen: Rotraut Susanne Berner
Druck und Bindung: Druckerei Friedrich Pustet, Regensburg
ISBN 978-3-95614-451-6

Der **A**ffe trägt den Atemschutz
nur draußen und beim Frühjahrsputz.

Der **B**är braucht keinerlei Diät,
seit er nur noch mit Maske geht.

Vom **C**hamäleon die Warnung:
Mit der Maske keine Tarnung!

Eitel ist der **D**istelfink.
Er trägt Masken nur in Pink.

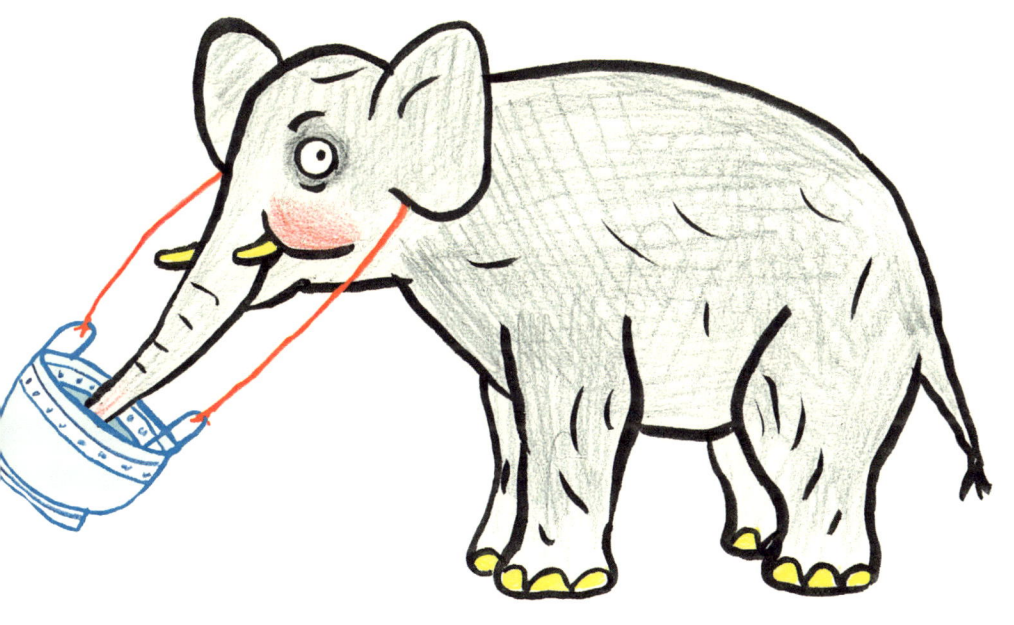

Der **E**lefant trägt vorn am Rüssel
als Maske eine Suppenschüssel.

Das **F**aultier braucht fast 20 Stunden,
bis es die Maske umgebunden.

Die **G**iraffe ist zu loben,
sie ist auf Abstand, so hoch oben.

Hyänen würden Masken tragen,
wär'n sie getüpfelt wie ihr Kragen.

Der Igel hat, so steht's im Brehm,
sein eignes Virus-Schutz-System.

Sehr gern zeigt sich der Jaguar
mit Maske seiner Kinderschar.

Aus dem Mäuseloch Gekicher:
Jetzt sind sie vor der **K**atze sicher!

Spucken ist des Lamas Lust,
eine Maske bringt da Frust.

Der **M**aikäfer hat ein Problem:
Die Maske ist ihm unbequem.

Modisch ist die **N**ilpferdfrau,
was ihr steht, weiß sie genau.

Der **O**ktopus verheddert sich
mit seiner Maske fürchterlich.

Der **P**inguin ist weg und hin:
Bei Kälte machen Masken Sinn!

Schmerzhaft, auch in diesem Falle,
ist der Kontakt mit einer Qualle.

Als Maske trägt das scheue **R**eh
gern ein Bouquet aus zartem Klee.

Das **S**tinktier macht hier alles richtig,
denn nicht nur Atemschutz ist wichtig.

Der **T**apir nimmt sich nach dem Bade
viel Zeit für seine Maskerade.

Optimistisch ist sie nicht,
drum ist die Maske Unken-Pflicht.

Einen Schutz trägt auch die **V**iper,
doch ohne wäre es ihr lieber.

Dem **W**aschbär ist die Maske peinlich,
doch trägt er sie, denn er ist reinlich.

Der **X**enosaurus hat den Blues,
er trägt die Maske nur im Bus.

Frau **Y**ak ist mit Herrn **Y**ak bekannt,
doch so hat sie ihn kaum erkannt.

Sommerlich maskiert mit Hut
geht es nicht nur **Z**iegen gut.

Mitmachteil

Nur mit Masken dürfen Wanzen
auf der Mauer Hip-Hop tanzen!*

*...aber nur, wenn sie schön bunt angezogen sind.

Wer ist wer? *

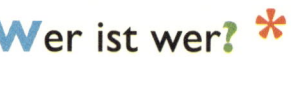

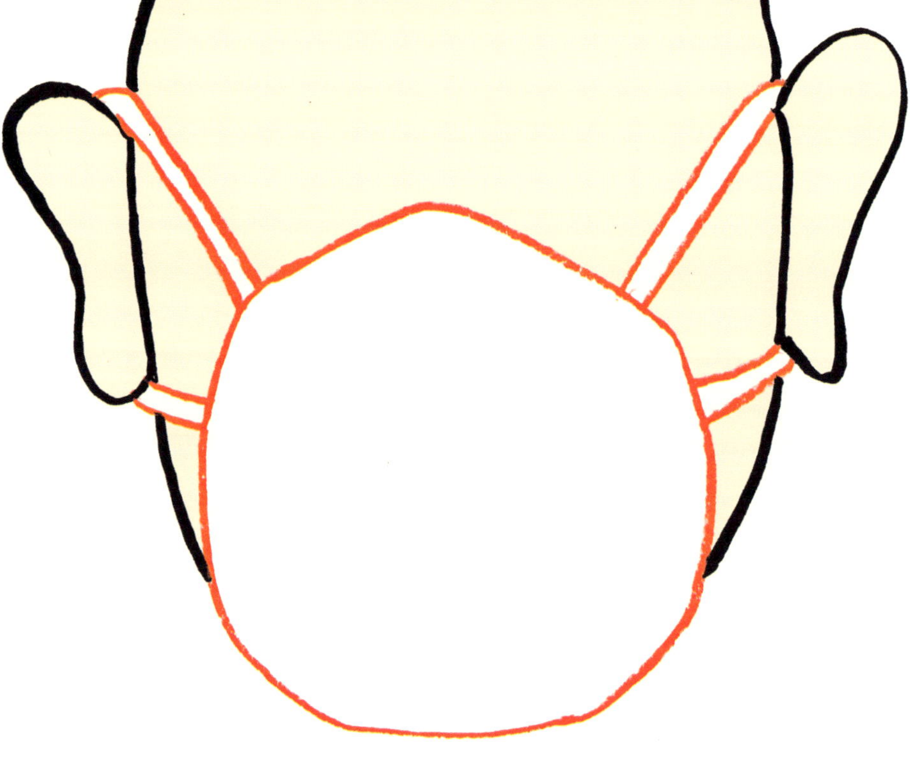

Das bin ich!

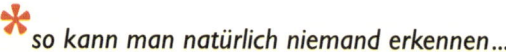

* so kann man natürlich niemand erkennen...

... ohne Augen, Haare, Ohren, Falten, Hüte, Sommersprossen ...

Wer hat hier dringend eine Maske gebraucht und deshalb die . . . . geklaut ?*

*Wer von 1–120 zählen kann, findet die Lösung!

Diese Maske dient der Ratte
in der Nacht als . . . .

*Wie die Ratte wohl aussieht? Schläft sie auf dem Rücken, auf dem Bauch
oder auf der Seite? Und dann fehlen natürlich noch die Farben und vielleicht der
Mond. Die Eule sitzt mit Abstand ganz oben auf dem Ast und hat alles im Blick.*

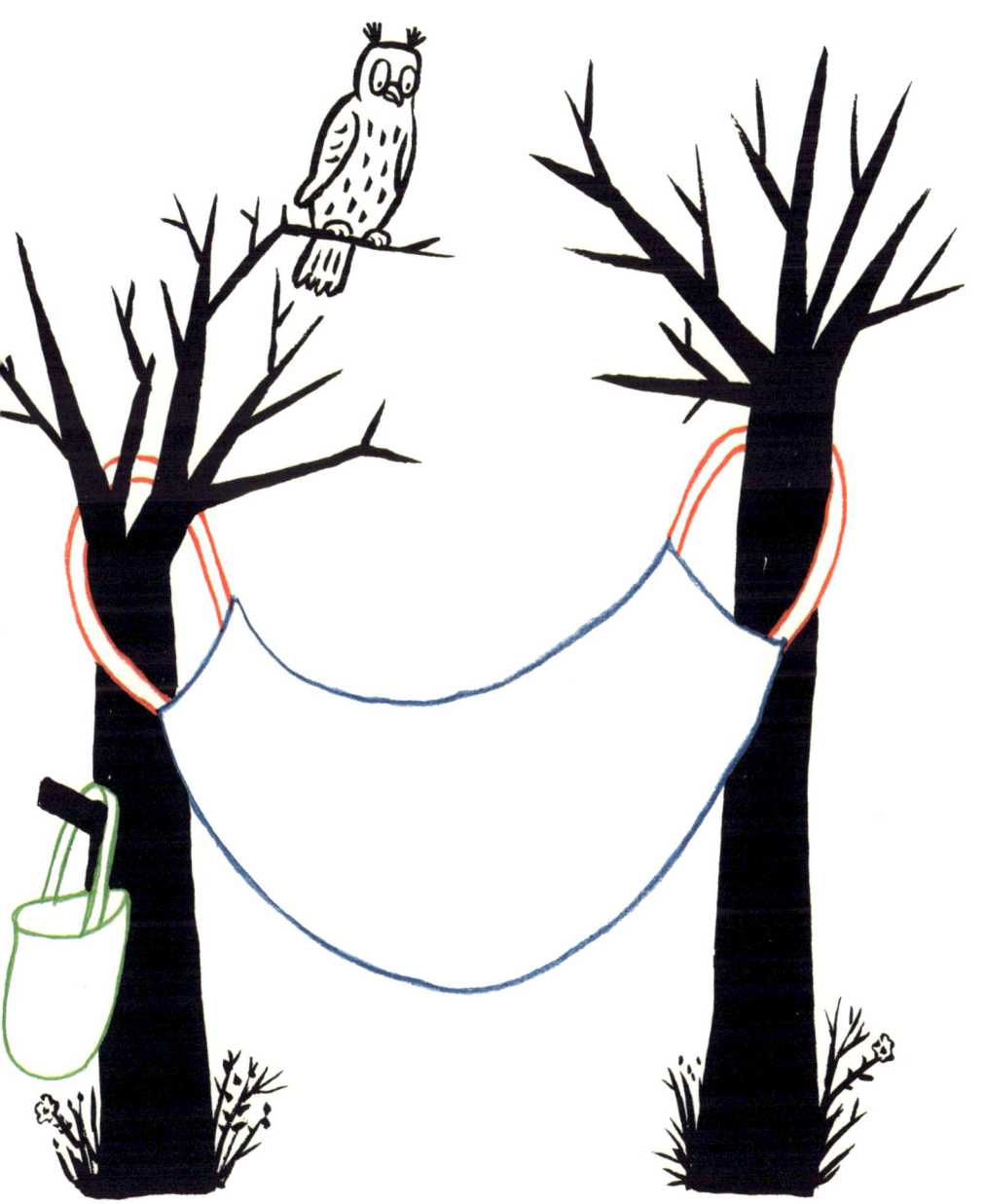

Auf dem Weg zum Maskenball...

Noch besser kann man sie finden, wenn alle Tiere bunt angemalt sind!

... haben **3** Tiere ihre Maske vergessen!

Masken mit viel Gefühl. Wie sie wohl aussehen?

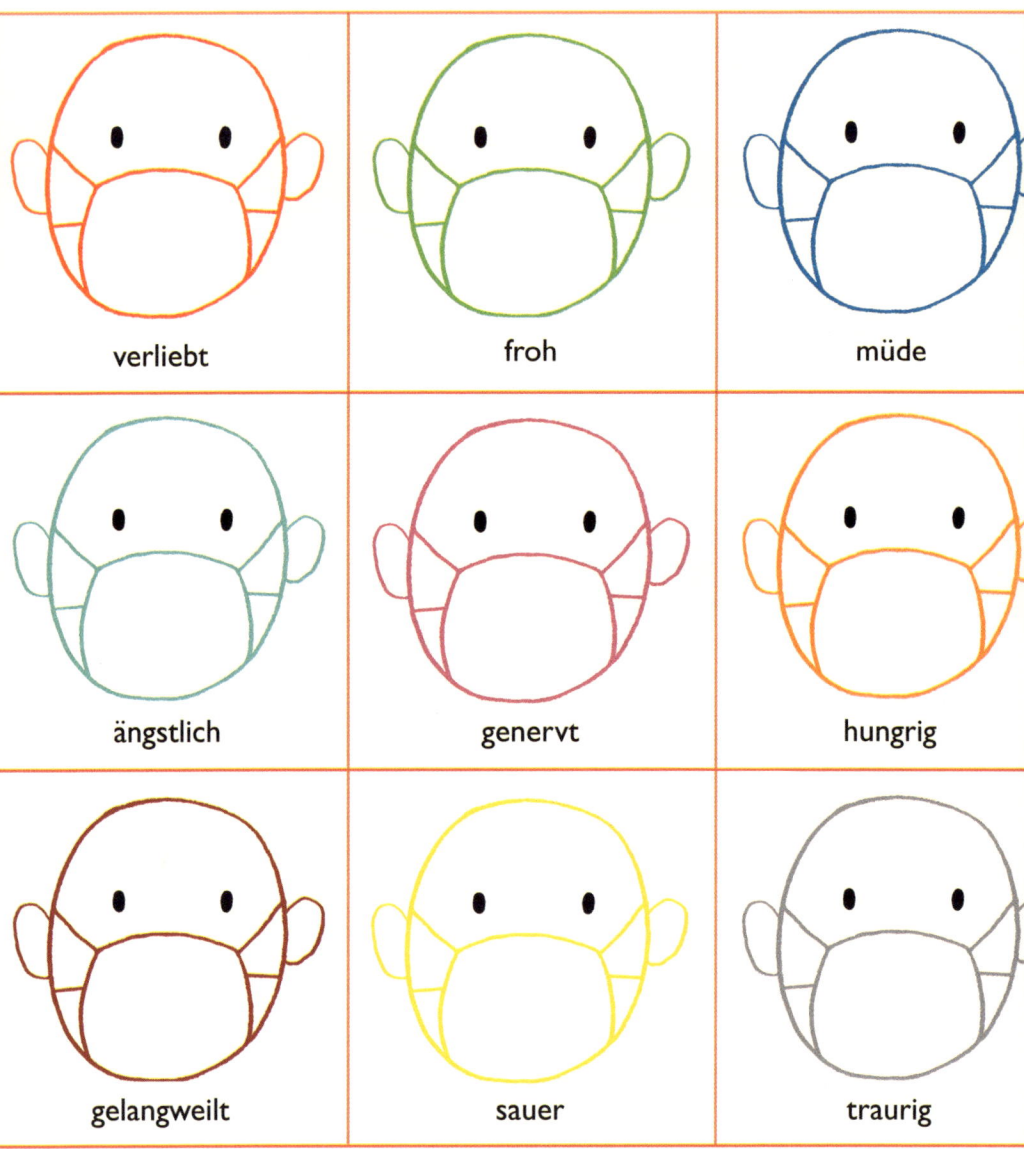

verliebt	froh	müde
ängstlich	genervt	hungrig
gelangweilt	sauer	traurig

Wenn man Nase und Mund auf die Masken malt, kann man gleich sehen, ob jemand glücklich oder wütend ist. Auch können hier die Haare mal zu Berge stehen oder die Augen finster oder erstaunt unter den Brauen hervorschauen.

Um eine ..... streiten sich
das .... und der ....

Wenn Tiere wütend werden, wechseln sie manchmal ihre Farben.
Wie sehen diese beiden wohl aus, wenn sie sich streiten?

Eine Bildergeschichte
zum Weitermalen und Weitererzählen.

Es war einmal _____

_____

_____

_____

_____

_____

_____

_____

_____

_____

_____

_____

_____

_____

_____ . Ende

Was ist hier passiert? Und warum? Und wann? Kommen noch andere Personen oder Tiere vor? Und vor allem – wie geht es weiter?

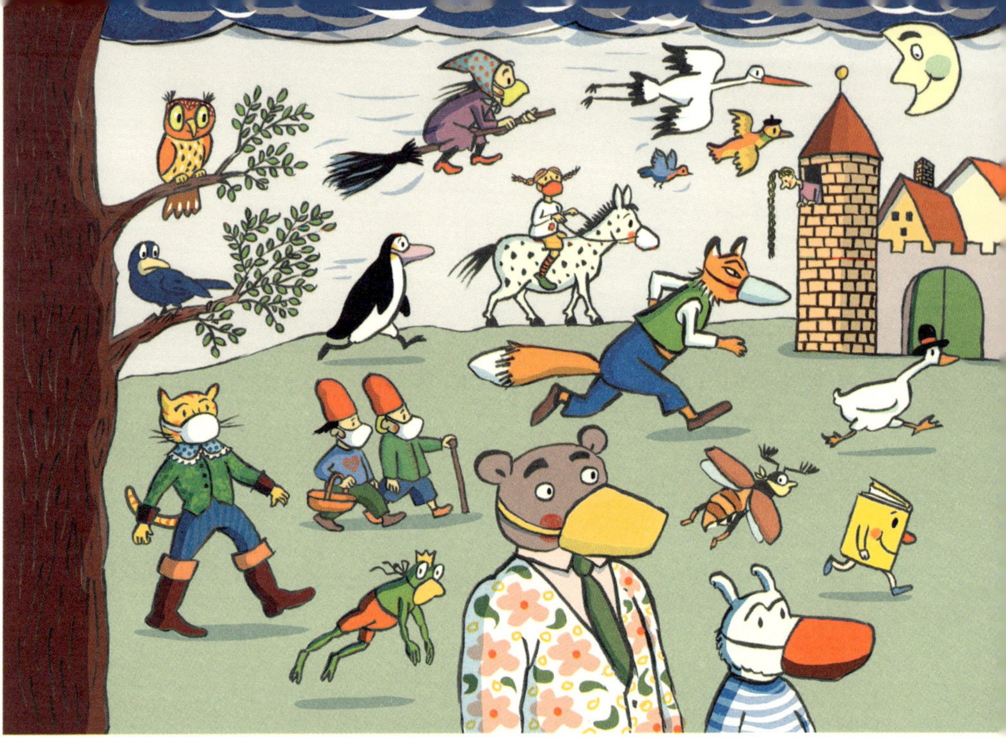

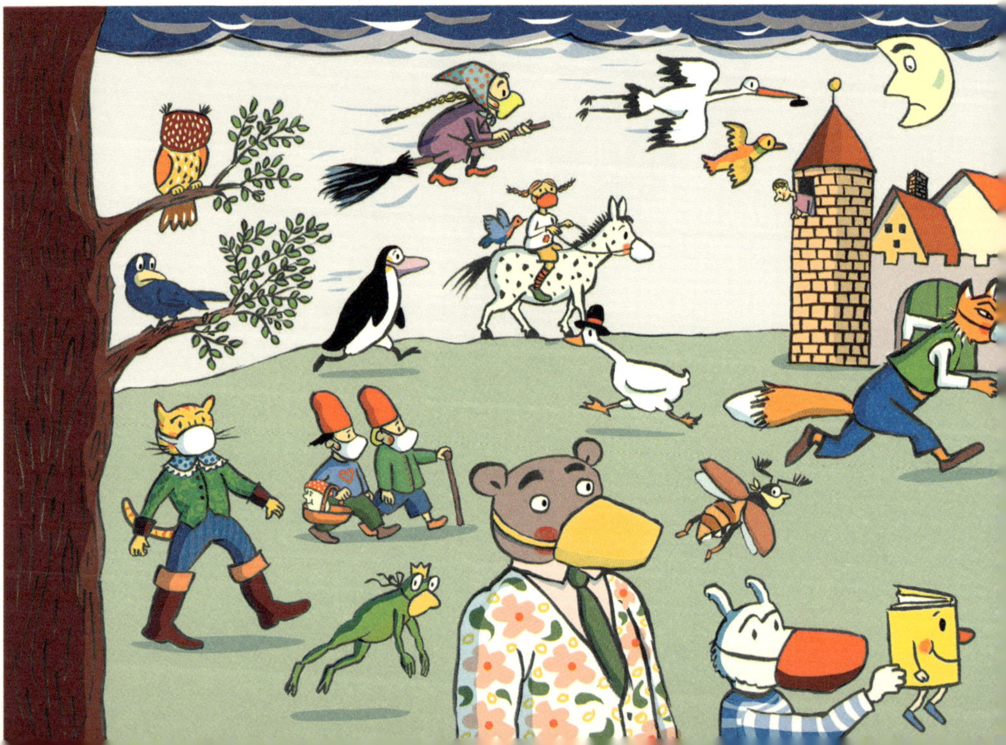

Märchenhaftes und **F**ehlerhaftes.

Noch ein Maskenball?
Wahrscheinlich im Schloss von Rapunzel. Alle haben es eilig, und dieses Mal sind nicht nur die Tiere unterwegs. Kurz vor dem Ziel passiert aber noch so einiges:
10 Dinge haben sich verändert auf dem unteren Bild.
Viel Spaß beim Suchen! Und vielleicht gibt es dazu auch eine ganze Geschichte mit einem glücklichen

Ende.

Alle Lösungen auf Seite 48

Lösungen:

Seite 36:
Kokosnuss

Seite 38:
Diese Maske dient der Ratte
in der Nacht als Hängematte.

Seite 40/41:
Gans, Hund und Eichhörnchen haben ihre Maske vergessen.

Seite 43:
Um eine Maske streiten sich
das Einhorn und der Gänserich.

Seite 46:
1: Die Eule schaut sich um.
2: Die Hexe hat sich schon immer so einen schönen Zopf gewünscht.
3: Ein Vogel hat sich hinter Pippi Langstrumpf aufs Pferd gesetzt.
4: Der Storch hat plötzlich eine Mütze im Schnabel.
5: Rapunzel fragt sich, wo ihr Zopf geblieben ist.
6: Der Mond findet das alles nicht lustig.
7: Ein Zwerg hat einen Fliegenpilz gefunden.
8: Dem Froschkönig ist seine Hose abhandengekommen.
9: Der Fuchs hat die Gans aus den Augen verloren.
10: Das Buch hat einen Leser gefunden.